12 décembre 1888

VENTE

LE MERCREDI 12 DÉCEMBRE 1888

Hôtel Drouot — Salle N° 5

TABLEAUX MODERNES

DESSINS

ET AQUARELLES

EXPOSITION PUBLIQUE

Le Mardi 11 Décembre 1888, de 1 h. 1/2 à 5 h. 1/2.

M° René SEILLIER	M. Eug. FÉRAL, Peintre
COMMISSAIRE-PRISEUR	EXPERT
27, Rue de Châteaudun	54, faubourg Montmartre

PARIS. — IMPRIMERIE CHAIX, RUE BERGÈRE, 20. — 26408-12-8.

CONDITIONS DE LA VENTE

Elle sera faite au comptant.

Les acquéreurs paieront, en sus des adjudications, **cinq pour cent,** *applicables aux frais.*

L'exposition mettant le public à même de se rendre compte de l'état des objets, il ne sera admis aucune réclamation une fois l'adjudication prononcée.

CATALOGUE

DE

TABLEAUX MODERNES

ET AQUARELLES

ŒUVRES DE

Léo Herrmann, Diaz, Th. Rousseau, Baron, Jacquet,
Boudin, Dupray, Victor Gilbert, Atalaya,
Berchère, Courant, Guillemet,
A. Vollon, Roybet, Rossi, Ph. Rousseau, Hawkins,
Tusquetz, Chaigneau,
Gœneutte, Richter et autres.

17 DESSINS, par Léo HERRMANN

Dont la vente aura lieu, aux enchères publiques,

HOTEL DROUOT, SALLE N° 5

LE MERCREDI 12 DÉCEMBRE 1888,

A 3 HEURES

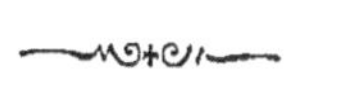

Mᵉ René SEILLIER	**M. Eug. FÉRAL,** Peintre
COMMISSAIRE-PRISEUR	EXPERT
27, Rue de Châteaudun	54, faubourg Montmartre

EXPOSITION PUBLIQUE

Le Mardi 11 décembre 1888, de 1 h. 1/2 à 5 h. 1/2

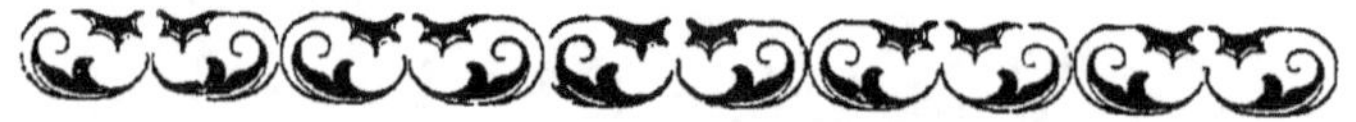

DÉSIGNATION

TABLEAUX MODERNES

ATALAYA

1 — Devant l'hôtellerie.

> Bois, haut. 0m31, larg. 0m22.

BARON

2 — Jeunes Femmes faisant de la tapis-
serie.

> Toile, haut. 0m55, larg. 0m45.

BERCHÈRE

3 — Halte dans le désert.

Signé à droite.
Bois, haut. 0^m38, larg. 0^m54.

BLUM (Maurice)

4 — Le Financier et le Savetier.

Bois, haut. 0^m34, larg. 0^m26.

BOUDIN

5 — Marine.

Toile, haut. 0^m31, larg. 0^m45.

CHAIGNEAU (F.)

6 — Troupeau de moutons sous la garde
d'un berger.

Forêt de Fontainebleau.
Signé à droite.
Bois, haut. 0^m27, larg. 0^m35.

COURANT (Maurice)

7 — Marine.

Toile, haut. 0^{m}45, larg. 0^{m}64.

DIAZ (N.)

8 — Paysage.

Bois, haut. 0^{m}20, larg. 0^{m}30.

DUPRAY (H.)

9 — Scène militaire.

Bois, haut. 0^{m}28, larg. 0^{m}23.

GILBERT (Victor)

10 — Jeune Femme espagnole.

Toile, haut. 0^{m}74, larg. 0^{m}54.

*

GŒNEUTTE (Norbert)

11 — Un Jour de Fête.

> Signé à gauche et daté 1881.
> Bois, haut. 0^{m}32, larg. 0^{m}41.

GUILLEMET

12 — Les Bords de la Seine près Poissy.

> Signé à droite et daté 75.
> Toile, haut. 0^{m}38, larg. 0^{m}60.

HERRMANN (Léo)

13 — Juste à point.

> Toile, haut. 0^{m}34, larg. 0^{m}26.

KAVEL (Martin)

14 — Nature morte.

> Toile, haut. 0^{m}64, larg. 0^{m}53.

RICHTER

15 — Leçon de maintien.

> Haut. 0ᵐ00, larg. 0ᵐ00.

ROUSSEAU (Ph.)

16 — Nature morte.

> Bois, haut. 0ᵐ24, larg. 0ᵐ18.

ROUSSEAU (Th.)

17 — Paysage.

> Toile, haut. 0ᵐ22, larg. 0ᵐ35.

ROYBET (F.)

18 — Pêches et Raisins.

> Signé à gauche.
> Bois, haut. 0ᵐ21, larg. 0ᵐ16.

VOLLON (A.)

19 — Paysage au printemps.

Signé à gauche.
Toile, haut. 0ᵐ46, larg. 0ᵐ56.

ZUBER-BULER

20 — La Baigneuse.

Toile, haut. 0ᵐ35, larg. 0ᵐ27.

DESSINS

HERRMANN (Léo)

21 — Au Cabaret.

22 — Juste à point !

23 — Le Bouquet.

24 — Après Dîner.

25 — Une bonne Histoire.

26 — Propos galants.

27 — Réflexion.

28 — Une fine Bouteille.

29 — Au Jardin.

30 — Le Fumeur.

31 — Les Loisirs de Son Eminence.

AQUARELLES

HAWKINS (L.-W.)

38 — Le Rêve.

Aquarelle signée à droite et datée 1886.
Haut. 0ᵐ43, larg. 0ᵐ55.

HAWKINS (L.-W.)

39 — Messaline.

Médaillon de forme ronde sur fond or,
signé à gauche. Diamètre 0ᵐ37.

ROSSI (J.)

40 — Le Pont des Soupirs à Venise.

Feuille d'Éventail.
Aquarelle. Haut. 0ᵐ15, larg. 0ᵐ52.

TUSQUETZ (R.)

41 — Environs de Rome.

Aquarelle signée à droite et datée 1872.
Haut. 0^m49, larg. 0^m34

JACQUET

42 — Tête de Jeune Fille.

Pastel. Haut. 0^m43, larg. 0^m28.

KARL ROBERT

43 — Paysage.

Fusain.

PARIS. — IMPRIMERIE CHAIX, 20, RUE BERGÈRE. — 26406-12-8.